Les Lulus

Un voyage dans la peinture abstraite

Jean-Luc Vallégeas

Sophie Beaufils

Les Lulus

Un voyage dans la peinture abstraite.

Édition : BoD · Books on Demand, 31 avenue Saint-Rémy, 57600 Forbach, bod@bod.fr
Impression : Libri Plureos GmbH, Friedensallee 273, 22763 Hamburg (Allemagne)

ISBN : 978-2-3225-3274-2
Dépôt légal : Mars 2025

« Les tableaux, dès qu'ils sont un peu abstraits, demandent à nos yeux de trouver des repères rassurants. Alors qu'il faut faire l'inverse, il ne faut pas se souvenir mais ressentir une émotion neuve. »

Tout a commencé à la croisée des routes et des voies ferrées, quand à l'approche d'un train les barrières se baissaient dans une lumière sonore et clignotante.

Il ne savait pas encore dire lumière, alors il disait Lulu.

Lulu : L.U.L.U.

Quatre carrés rouges et blancs rangés bien en ordre dans un grand carré de signalisation S.N.C.F, voilà la mémoire de son premier tableau.

Et le son de l'alarme.

Le premier regard du matin est implacable s'il est destiné à revoir le tableau terminé la veille. La nuit est passée en effaçant l'exaltation. Le tableau se révèle neuf dans toute sa splendeur ou sa laideur. Parfois une journée entière peut s'avérer des plus sombres si la laideur a décidé de l'entamer, des plus joyeuses si la beauté a pris le dessus.

À force de matins l'habitude a été prise, toute laideur d'où qu'elle vienne assombrit les choses. Voir la beauté devient un exercice du quotidien. Aucun matin ne devrait devenir une journée s'il n'est pas désiré.

Et les clés dans la serrure, pourquoi ce serait toujours à la dernière de se présenter en premier ?

Et le métro qu'on voit s'éloigner à une minute près, pourquoi c'était la dernière minute ?

Et pourquoi la fumée de cigarette va-t-elle toujours sur le voisin non-fumeur ?

L'humeur du peintre dépend du regard neuf du matin et il semblerait que même sur l'homme le peintre ait pris le dessus.

Aucun matin ne devrait devenir une journée s'il n'est pas aimé.

Lulu en rouge.

C'est d'une blanche évidence.

Dans le ciel passent des avions qui laissent des traînées blanches et nuageuses derrière eux.

Faut-il les peindre quand on peint un paysage ou faut-il mentir et peindre un ciel pur ?

Faut-il peindre la pollution en regardant par le trou de la couche d'ozone ?

Faut-il peindre les choses telles qu'elles sont ou bien faut-il peindre le souvenir d'un monde perdu qu'on ne connaîtra plus ?

Ou alors ces lignes blanches dans le ciel sont-elles des lignes d'écriture qui relient les gens ?

Les avions transportent des gens et autant d'histoires. Il faut croire ceux qui parlent d'amour et les croire sur parole, parce que personne ne ment quand il s'agit véritablement d'amour.

Je crois que Van-Gogh les aurait peintes ces lignes-là, parce qu'il était trop grand pour ne parler que de peinture.

Entre deux tableaux le temps de l'attente est long...Entre deux tableaux le temps de l'attente est parfois long.... C'est dans ce temps-là que les peintres ont inventé les bars...

Mais un peintre ça sait attendre. Ça attend le prochain tableau qui passera sur le quai frileux et embrumé d'un petit matin d'ivresse aux vapeurs d'essence et de térébenthine.

Quelle que soit l'heure le tableau passera, habité par la mémoire d'illustres voyageurs, Van-Gogh, Gauguin et tous les autres jusqu'aux prochaines escales où d'autres frères contemporains monteront à leur tour.

Les quais des peintres sont toujours à la fête sans avance ni retard, la lumière est toujours allumée.

Une nuit d'attente sur un quai de gare...

Une nuit d'ivresse et d'attente sur un quai de gare... je regardais le ciel et les étoiles m'ont interpelé, elles m'ont demandé de les peindre.

Je leur ai répondu : « Il fait nuit et je n'ai pas mon matériel avec moi. »

Elles m'ont répondu : « Ce n'est pas grave tu n'auras qu'à nous peindre demain quand il fera jour. »

Alors demain, j'ai installé mon chevalet, j'y ai posé une grande toile blanche de peintre et j'ai préparé mon matériel : mes couteaux à peindre, mes pinceaux, mes tubes de peinture et la térébenthine...J'ai attrapé le flacon de térébenthine et je me suis laissé enivré...Puis j'ai ouvert les tubes de peinture et j'ai libéré les couleurs sur ma palette.

Le jaune et le bleu ça fait du vert, toujours du vert !

Le jaune et le rouge, ça fait du orange, toujours du orange !

Le rouge et le bleu, ça fait du violet, encore du violet !

Finalement les choses sont simples.

J'ai pris mon couteau à peindre et je me suis mis à peindre les étoiles.

Le soleil m'a interpelé, il m'a demandé ce que j'étais en train de faire ?

Je lui répondu : « Je peins les étoiles.

Pourquoi fais-tu cela ? M'a interrogé le soleil.

Parce que les étoiles me l'ont demandé.

Mais ce ne sont pas les étoiles que tu dois peindre, c'est moi, le soleil, parce qu'il fait jour ! »

J'ai posé mon couteau à peindre et j'ai attendu.

La nuit venue, j'ai repris mes couleurs et j'ai commencé à peindre le soleil ; j'avais envie de savoir ce que diraient les étoiles.

Quand les étoiles sont apparues dans le ciel elles m'ont dit :

« Mais qu'est-ce-que tu fais ! Ce n'est pas le soleil que tu dois peindre, c'est nous les étoiles parce qu'il fait nuit !

Moi, Lulu, j'ai compris alors que pour que tout le monde soit content, je peindrai la lumière.

Lulu en bleu.

Il suffit de changer la couleur du ciel et la destination n'est plus la même.

Tous les voyages nous ramènent à l'enfance et à la couleur de nos jouets. Tanguy et Laverdure volaient dans des maquettes en plastique aux odeurs de peinture Heller et de colle Pattex.

Si l'enfance pleure souvent quand elle est petite, à nous de savoir la faire chanter quand elle est plus grande, même s'il faut parfois toute une vie.

Il y a eu tellement d'automnes abîmés par la sonnerie de l'école et alourdis par le poids des cartables. Il paraît pourtant qu'en automne les arbres sont si beaux. Tellement de plumes sergent-major trempées et échouées dans les encriers où marinaient des bouts de craie et de papiers buvards. Tellement de proximité de radiateurs au fond de la classe près de la fenêtre, dans l'impossibilité et l'inutilité de fuir.

Longtemps j'ai pris des trains au hasard pour élargir les fenêtres de l'école.

J'ai compris alors que tout ce qui est lointain est bleuté.

Tout ce qui est lointain est bleuté, comme si le ciel là-bas enveloppait tout l'ensemble avant de s'élever dans toute sa splendeur.

Plus les choses sont proches et moins le ciel les recouvre. Pourtant les peintres savent que dans les ombres les bleus s'immiscent en célébrant l'union du ciel et de la terre.

Lulu en vert...

Mais non ! Il n'y a pas de Lulu en vert !

En vert, on se promène et se confond

On se confond avec la transparence de l'air et les feuilles des peupliers dans le sens du vent.

En vert, on se confond avec la part des anges et la générosité de l'air.

Même si certains silences sont habités d'images, les peindre ferait parfois trop de bruit.

C'est pour ça qu'il n'y a pas de Lulu en vert ; et puis, tout le monde le sait, le Lulu est un carré.

Il n'y a pas non plus de Lulu en jaune.

Le soleil refuse de rentrer dans un carré.

Divine solitude il était rare que tu te manifestes, il était encore plus rare que tu dépasses la cime des arbres. Je te connaissais en moi mais, je ne te connaissais pas hors de moi. Je te connaissais au rythme de mes balades, tu m'as offert la grandeur de tes silences et voilà que j'ai croisé les silences d'une autre.

Solitudes, vous parlez le même langage entre vous, les choses humaines sont maladroites et bruyantes et voilà que dans les regards d'une autre je me suis reconnu. J'avais sûrement mal regardé par- delà la cime des arbres pour voir que dans le ciel quelqu'un me faisait écho.

Divine solitude je connaissais ton chemin et ton herbe du bout de mon pinceau, je connaissais tes matins froids et tes brumes prometteuses mais, tu ne m'avais pas parlé de la venue de quelqu'un.

Tu m'as rendu si fort qu'aujourd'hui je sais que je peux aimer.

Pourtant, je t'aurais promis aujourd'hui, ce que demain j'aurais déjà oublié. Je sais que je t'ai aimée.

Tu m'aurais écouté sans plus y croire les yeux pleins de larmes. Il aurait suffi que je commence une nouvelle toile pour être à nouveau absorbé et absent. Les choses du quotidien m'auraient encore échappé. J'aurais disparu du monde pendant des jours et des jours et tu m'aurais vu revenir à pas d'heure, ou une nuit, tâché de peinture, gai ou triste, enjoué ou sombre selon l'avancée de mon travail.

Tu m'aurais accueilli comme on récupère un gamin qui revient du jardin, en pleurs ou en rires.

Alors je te dirais juste que je pars parce que tous les ateliers du monde seront toujours tous trop petits, il leur manque le souffle du vent.

Je suis à la croisée des chemins de terre et de fer, je m'appelle Lulu, comme un possible voyage et je suis le fils du garde-barrière.

Bleu indigo

Vert émeraude

Jaune citron

Terre de sienne

Blanc de zinc

Peindre, ne pas se souvenir

Peindre une émotion neuve.

Et si tu avais raison, et si tout était pollué et déjà obsolète ?

*C'est vrai qu'on entend déjà les oiseaux du printemps chanter
en hiver.*

Depuis longtemps toute forme d'autorité n'a plus de crédit, tant que des êtres humains continueront à en massacrer d'autres, aucun être humain ne sera crédible dans ses sermons. Tous les enfants le savent, les adultes se chargent de le leur faire oublier.

Quel que soit l'endroit où l'on naît le ciel devrait toujours être bleu.

C'est pas que le monde soit si grand, c'est que le cœur des hommes est trop à l'étroit.

Quelqu'un m'a dit un jour que le ciel était toujours bleu et que c'était seulement les nuages qui l'assombrissaient.

Les mots sont dérisoires et bourrés d'interdits.

L'enfer est terrestre, c'est nous qui l'avons créé, inutile de craindre l'enfer de l'au-delà, l'enfer est bien sous nos pieds.

Comme toi je suis né par hasard quelque part et c'est en peignant que j'entrevois un paradis.

Quand certains hommes écriront « PEINDRE TUE » sur les tubes de peinture j'aurais toujours mes rêves en couleurs.

On ne va pas à la ligne mettre un jaune majuscule, on ne met pas un point sur le vert ni après le violet une virgule. On ne met pas le rouge entre guillemets pas plus qu'on ne met un accent grave dans le bleu de tes yeux.

Je sais, je sais…

Rien n'est grave quand il s'agit des couleurs si ce n'est les mots pour le dire.

Parler peinture c'est s'en éloigner.

Les mots sont les rêves que l'on vole aux enfants, les poètes savent en rendre la douceur, et les peintres en retrouvent les couleurs.

J'aurais pu comme beaucoup, me mettre en colère et catastropher mes pinceaux en les trempant dans la grisaille ambiante.

J'aurais pu mille fois arrêter de peindre puisque ce monde ne veut pas de couleurs.

J'aurais pu avoir peur puisqu'on enferme les peintres dans des musées alors qu'on laisse les dictateurs en liberté.

J'aurais pu peindre avec mes bleus à l'âme mais, j'ai préféré les bleus de tes yeux.

Je sais, je sais… tes yeux sont noirs tu me l'as assez répété.

Tu sais bien il ne faut jamais croire ce que je dis, c'est pour ça que je peins. Les mots des peintres sont des blagueurs parce que les peintres savent que les mots sont arrivés bien après les couleurs.

Les arcs-en-ciel se sont toujours passés de commentaires.

Mais où vont tous ces trains que moi, le fils du garde barrière je vois passer ?

Peut-être dans les boîtes en fer de mon enfance, les boîtes en fer aux couvercles décorés ; des couvercles reproduisant les boulevards parisiens entre les colonnes Morris et les façades grises peintes par Monet et par Pissaro. Tous ces trains vont à Paris, quand les enseignes des grands magasins clignotent au rythme du cœur de la ville.

C'est étrange cette nostalgie des choses qu'on n'a pas encore connues.

J'aperçois au loin la Tour Eiffel derrière les fers forgés des balcons.

À Paris, l'hiver se promène de quartiers en quartiers au gré de son humeur vagabonde.

À la campagne, l'hiver ne fait pas de quartier et inflige ses noirs corbeaux et ses arbres dénudés.

Un jour, moi aussi je prendrai ces trains, je m'évaderai des boîtes de sucre en fer de ma grand-mère et je ferai de longs voyages en couleur parmi les étoiles du jour et les soleils de la nuit.

Les confettis éparpillés de mes toiles auront toujours un air de fête, l'odeur de térébenthine m'entraînera vers des comptoirs de zinc bleus éclairés de jaunes devant les gazons des billards. La lumière chaude et tamisée m'accueillera le temps d'un dernier verre.

Lulu en blanc.

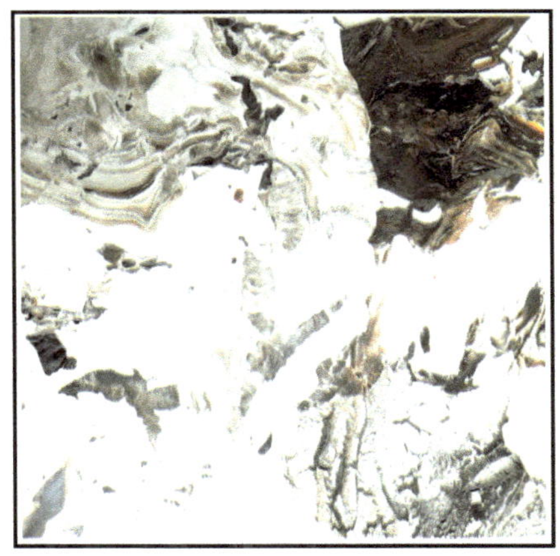

C'est d'une blanche évidence.

Tu m'as appris des mots barbares que je ne voulais pas entendre.

Et si c'était vrai ? Si tout était pollué et déjà obsolète ?

Tu m'as parlé du plastique dans les océans et de la montée des eaux, de la mort des abeilles et du réchauffement climatique. Tu m'as parlé de ton éco-anxiété et de tes angoisses et j'ai failli te fuir toi et la noirceur de ton monde.

Et si ton monde désenchanté était aussi le mien ?

Tu m'as parlé de la fin d'un monde mais, tu n'as pas su pour autant me parler d'un nouveau monde.

Moi je crois surtout qu'on n'est rien sans amour.

...Je me souviens...

Je longeais la voie ferrée comme tous les soirs lorsque je rentrais de l'école. Le vent faisait trembler la végétation pas plus haute que le kermès et le genévrier. Seuls dépassaient religieusement les clochers alignés des cyprès. Les robes blanches et noires des vaches qui regardaient passer les trains se balançaient. J'apercevais l'accent circonflexe du toit de la petite gare posé sur le soir en contre-bas. Les raffineries au loin rejetaient leurs fumées polluantes tranquilles et familières.

C'est au détour du chemin qu'elle m'apparut. C'était une grande toile blanche de peintre, pas encore peinte posée sur l'horizon. En face d'elle dans un champ posé sur ses trois pieds il y avait son chevalet.

La toile m'a assis sur le chevalet, à sa place, je me suis retrouvé comme sur une balançoire les pieds dans le vide. Je me sentais minuscule, mon cartable posé très loin en contre-bas à mes pieds.

En face de moi la toile vierge recouvrait de blanc et de jeunesse tout le paysage.

Le chevalet était vieux, très vieux, sa longue barbe en chêne allait jusqu'au sol.

« Aujourd'hui, petit Lulu, me dit la toile, le monde est inversé, toi tu es assis sur le chevalet à ma place et c'est moi qui vais te peindre. »

La pinède était en feu, l'incendie galopait au rythme du mistral du côté des Alpilles. Les oiseaux et les cigales ne chantaient plus. Les arbres s'embrasaient aussi petits que des allumettes frottées sur le bleu violacé des collines. Les couleurs s'enflammaient dans mes yeux, les odeurs d'essence et de guerre m'imprégnaient de leurs chaleurs. Au loin, la petite gare s'éparpillait au gré des cendres.

« Non Lulu !, me dit la toile blanche. Il n'y aura de Lulu en noir que si tu le décides. Il n'y aura de Lulu en noir que si tu as peur. Il n'y aura de Lulu en noir que si tu le choisis, le peintre en toi n'est pas ton ennemi.

Personne ne doit voler ton regard, personne ne doit t'imposer ce que tu dois voir. L'artiste qui sommeille en toi est encore un étranger parce que tu n'as pas pris le temps de le rencontrer. Le monde de la couleur peut-être encore neuf et sauvage mais, pour le savoir il faut t'y aventurer.

Lulu, je ne peindrai pas nos colères, même si le monde est en guerre. C'est si beau d'être un peintre, ne gâche pas les couleurs. Laisse le noir à ceux qui ont les yeux fermés.

Fais-moi confiance Lulu, un nouveau monde est possible. Pour toi je repeindrai tout en blanc et je ferai des tâches de couleurs. »

Moi, Lulu, je fus tout de suite rassuré, des grands voiliers blancs flottaient comme des cerfs-volants ralentis. Leur vol saupoudrait de bleus les souvenirs lointains du passé et les souvenirs à venir. Les flambées et les machaons, papillons de mon enfance passaient devant moi comme un nouveau possible.

« Si tu te mets en avant tu auras tout au plus du talent, si tu te mets en arrière tu verras la lumière. Il n'y a ni bon ni mauvais peintre quand on peint avec le cœur, ne l'oublie pas Lulu et alors tu ne seras plus jamais seul, me dit la toile. Peins comme si chaque tableau était une nouvelle escale.

Maintenant vas, prends tous les trains que tu veux, j'attends tes couleurs. »

Les froids du petit matin tout contre mon cœur ont beaucoup de chaleur en réserve.

Tu as raison, on ne met pas non plus la générosité du soleil entre parenthèse, ni celle des arbres, ni celle des ruisseaux ni même celle des asticots dans les pommes.

Les cerises de notre enfance que l'on chapardait à la belle saison gardaient en elles le bleu du ciel et le vert des prairies pour nous concocter le rouge de leurs secrets que l'on croquait insouciant.

C'est aussi pour ça qu'il n'y a pas de Lulu en jaune, tout ça ne rentrera jamais dans un carré. Sauf pour ceux qui ne tournent pas rond et ils sont nombreux ...

Alors d'accord, pars avec moi. Pour toi, je repeindrai tout en blanc pour remplacer les glaciers fondus et quand les oiseaux seront fatigués je ferai des tâches de couleurs qui finiront bien par s'envoler. Je sais que toi et moi on saura les faire chanter.

Et je te jure que c'est vrai il y a vraiment du bleu au fond de tes yeux.

Comme me l'a dit un jour Van Gogh : « Plus j'y réfléchis, plus je sens qu'il n'y a rien de plus artistique que d'aimer les gens. »

On s'est déjà rencontré vous et moi, et vous, et vous aussi. Mais si, souvenez-vous on s'est déjà rencontré, ce sera au temps des cerises, tant qu'il y aura des printemps.

Cie rouge etc.